LA CUISINIÈRE

ASSIÉGÉE

ou

L'ART DE VIVRE EN TEMPS DE SIÉGE

LA CUISINIÈRE

ASSIÉGÉE

OU

L'ART DE VIVRE EN TEMPS DE SIÉGE

PAR UNE FEMME DE MÉNAGE

Il sera versé sur la vente de cet ouvrage 10 p. 100 à la Caisse des Veuves et Orphelins des défenseurs de Paris.

PARIS

A. LAPORTE, ÉDITEUR

LIBRAIRIE ANCIENNE ET MODERNE

46, boulevard Victor Hugo, derrière le nouvel Opéra

1871

Sous ce titre modeste, mais d'actualité, une femme de ménage intelligente et pratique a réuni les recettes que son expérience lui a prouvé être les plus avantageuses pour tirer le parti le meilleur des mets anciens et des mets nouveaux qu'imposent à la consommation la nécessité et les souffrances de ce long siége. Ce n'est donc pas seulement l'art d'accommoder les restes, c'est encore et surtout l'art de créer avec peu de chose des plats assez fortifiants pour nourrir et assez variés pour ne pas décourager l'appétit.

Fournir à une ville assiégée, et à une ville aussi immense que Paris, les moyens d'augmenter ses ressources alimentaires, c'est, sans nul doute, lui donner l'arme défensive la plus importante et la plus redoutable.

Combattre est bien, mais tenir est mieux. Malgré la puissance et le nombre des engins de guerre nouveaux, la reddition de Strasbourg, Metz, etc., a prouvé que la faim était encore l'ennemi le plus à redouter. Paris, cette capitale des grands courages et des grandes résolutions, a vite compris que là était le nerf puissant de la défense; il s'est donc résigné à tous les sacrifices même les plus pénibles, ceux de l'habitude et des préjugés! Oui, chose aussi admirable que son élan, sa patience, sa ténacité sous les armes et par une température glaciale, ce grand consommateur, ce gourmand délicat, ce mangeur blasé, s'est fait sobre, facile, indulgent!... Il a accepté avec entrain des plats nouveaux, étranges, et il a su, avec son talent ordinaire, les *parer* et en faire des mets, dont beaucoup resteront dans la consommation. Honneur donc à son courage et à sa résignation culinaires!...

Il serait aussi curieux de faire l'histoire du siége de Paris au point de vue militaire qu'au point de vue alimentaire : car, si plus glorieuse est la mission du chef qui conduit une armée, non moins utile est celle du *chef* qui dirige une batterie de cuisine... Un plat sobre et bien préparé, et par conséquent une digestion bien faite, a plus d'importance qu'on ne saurait le croire sur les destinées d'un empire, les succès d'une bataille, les mœurs d'une nation!.. Depuis Esaü, que de Césars ont subi l'autorité de leur estomac!...

Autant que ses forts, ses remparts, ses canons, ses mitrailleuses, ses fusils transformés et ses armées improvisées, l'Europe admirera les rationnements alimentaires que la grande cité de 2,200,000 habitants a acceptés courageusement malgré des répartitions quelquefois injustes et souvent mal dirigées. Plus politiques qu'administrateurs, quelques maires ont cru bien remplir leur mission purement administrative, imposée par nos suffrages, en négligeant les distributions alimentaires et en entravant l'action militaire...

Dans cette hécatombe presque générale des animaux de la création qu'on a sacrifiés sur l'autel de la patrie, on doit signaler le bœuf, le mouton, le porc, qu'on a distribués jusqu'au 22 novembre ; le cheval, notre énergique et ardent allié sur le champ de bataille et notre nourriture la plus substantielle et la plus délicate dans nos fourneaux. Le chien, cet ami fidèle, longtemps le compagnon de nos joies, nous fournit aujourd'hui une chair agréable et saine ; le chat, cet hôte gracieux du foyer, n'avait pas besoin du siége pour mériter sa réputation : depuis longtemps il remplaçait le lapin ; le rat, ce parasite de nos demeures, devait aussi paraître sur nos tables.... Mais on ne s'attendait guère que les dromadaires, ces vaisseaux intelligents du désert ; les antilopes, ces légers et gracieux animaux des oasis ; les éléphants, ces montagnes vivantes des forêts africaines, etc., qui longtemps avaient reçu nos visites au Jardin d'acclimatation et au Jardin des plantes, viendraient un jour nous les rendre sur nos tables !..

Nos estomacs complaisants sont donc devenus

des musées, mais qui, hélas! ne savent pas conserver leurs collections. Ce livre, tant modeste qu'il soit, devait ce souvenir à ces alliés de notre énergique défense ; il doit également donner les prix élevés et presque fabuleux qu'ont atteint certains articles de notre alimentation... Puissent ces lignes servir de pilori aux rapaces industriels, aux infâmes spéculateurs, pour qui le siége a été un moyen de trafic et de fortune!...

	Fr.	c.
1 betterave	4	»
1 carotte	»	60
1 chou-fleur	5	»
1 chou ordinaire	6	»
500 grammes feuilles de chou	1	»
1 pied de céleri	2	25
1 tête de céleri	2	50
1 escarolle	1	50
1 navet	1	»
1 litre d'oignons	4	»
1 poireau	»	50
1 boisseau pommes de terre	24	»
1 litre haricots secs	5	»
1 boîte conserve petits pois	5	»
1 boîte conserve haricots verts	4	»
500 grammes lard	10	»
500 grammes jambon	45	»
500 grammes beurre frais	40	»

	Fr.	c.
1 œuf frais	2	»
1 boudin de cheval	1	50
1 dinde	125	»
1 oie	85	»
1 poule	40	»
1 lièvre	65	»
1 lapin	40	»
1 canard	35	»
1 pigeon	8	»
1 corbeau	3	»

LA CUISINIÈRE

ASSIÉGÉE

ou

L'ART DE VIVRE EN TEMPS DE SIÉGE

L'Ane.

Ce patient et infatigable serviteur du pauvre deviendra, par la délicatesse de sa chair, le mets favori du riche. Sa viande est ferme, serrée et chatoyante. Plus fine et plus agréable que celle du bœuf, elle s'accommode de la même manière, ainsi que celle du mulet, qui mérite également de rester dans la consommation.

Avoine (Boullie d').

L'avoine, de grand usage non-seulement en Écosse, mais encore dans les provinces françaises, comme la Bretagne et le Limousin, offre un aliment agréable, digestif et nourrissant.

La bouillie se prépare ainsi :

Prenez le grain décortiqué, faites tremper pendant 12 heures une forte cuillerée à bouche par personne, et mettez cuire à petit feu pendant 4 heures. On ajoute, selon son goût, beurre et sel ou lait et sucre. — Le grain d'avoine cuit au bouillon gras fournit un excellent potage.

On peut faire de la bouillie avec du blé en grain de la même manière.

Café et Chocolat.

Ces deux aliments, les plus ordinaires et presque les plus indispensables avant le siége, préparés au lait, peuvent aujourd'hui se préparer avantageusement à l'eau de gruau. Cette eau, bien cuite et bien épaisse, est douce, rafraîchissante et substantielle. Le chocolat surtout à l'eau de gruau offre aux enfants, aux vieillards, un aliment sain et nourrissant.

Champignons conservés.

Faites revenir et grossir dans l'eau tiède, couvrez une tourtière de beurre (graisse, huile ou lard haché); ajoutez chapelure, sel, poivre, persil et gousse d'ail, échalotte ou oignon; étendez vos champignons dessus et couvrez comme dessous. Faites cuire pendant 1/2 heure avec feu dessus et dessous, et servez chaud.

Champignons au roux.

Faites dans une poêle un roux avec huile ou graisse, poivre, sel, bouquet garni, et mouillez avec un verre de vin blanc ou rouge.

On peut arranger de la même manière des navets ou des pommes de terre coupés en tranches.

Chat.

Cet animal domestique, l'ornement et le compagnon de la mansarde, l'heureux favori de l'élégant salon, est devenu un des mets les plus recherchés et presque les plus rares du siége. Sa chair est blanche, fine et délicate; seulement, avant d'être servie, elle demande à être mortifiée pendant 48 heures. On peut le préparer en civet, comme un lièvre, ou le faire rôtir.

Rôti de Chat.

Mettez dans une casserole, avec beurre, lard ou graisse, oignon, gousse d'ail, poivre, sel, bouquet garni et un verre de vin blanc ou de bouillon; faites rôtir doucement et servez.

Après avoir retiré la viande, on peut faire rôtir dans le jus des pommes de terre cuites à l'eau et coupées en dés, ou des carottes, des champignons, etc.

Cheval.

Cette noble conquête de l'homme, après avoir servi sa vanité et ses plaisirs et l'avoir aidé dans ses travaux, est encore devenue pendant ce long siége notre ressource la plus importante, notre arme de résistance la plus utile.

La viande de cheval a le même aspect et le même goût que celle de bœuf; bien cuisinée, il serait difficile d'en apprécier la différence ou de ne pas la préférer.

Règle générale, avant de se servir de cette viande, il est important de la laisser mortifier trente-six heures et même de la mettre dans une marinade de vinaigre, de rhum, avec huile, oignon coupé fin, sel, poivre et gousse d'ail.

Pot-au-feu de Cheval.

Prenez de la viande de 2ᵉ catégorie (plats-de-côte, gîte, collier, etc.), mettez-la dans l'eau froide, faites cuire à feu doux, et enlevez, avant l'ébullition, l'écume et la graisse au fur et à mesure qu'elles montent. Ajoutez sel, gousse d'ail, oignon brûlé piqué d'un clou de girofle, un peu de colorine et légumes, comme poireau, navets, céleri, chou, etc.; laissez cuire pendant 7 heures ou 8 heures sur un feu modéré. A défaut de viande, on peut mettre des os, mais en ayant bien soin d'enlever l'huile qui surnage sur le bouillon.

Bouilli de Cheval.

Pour faire un mets agréable du bouilli de cheval, qu'il est difficile de manger à l'état naturel, on peut l'accommoder des trois manières suivantes :

Cheval en miroton.

Prenez des oignons coupés par petites tranches, passez-les sur le feu avec un morceau de beurre, de graisse, ou une cuillerée d'huile ; quand ils seront presque cuits, ajoutez une pincée de farine et remuez jusqu'à ce qu'elle prenne une bonne couleur ; mouillez avec bouillon, vin blanc, sel et poivre. Faites bouillir jusqu'à cuisson parfaite des oignons, ajoutez votre bouilli coupé par tranches minces, et laissez bien cuire.

Si l'on aime la sauce un peu relevée, on peut y joindre de la moutarde et un filet de vinaigre.

Cheval au gratin.

Garnissez le fond d'une tourtière de beurre ou graisse, saupoudrez de chapelure, mettez dessus un hachis d'oignon, persil, gousse d'ail, sel, poivre, épices ; étendez vos tranches de bouilli et recouvrez du même hachis. Mouillez d'eau ou de bouillon, faites cuire à petit feu, et gratinez ensuite sur un feu plus vif.

On fera un mets excellent si on ajoute un petit verre de rhum ou un demi-verre de vin blanc.

Cheval à la Parisienne.

Prenez huile de cheval ou de navette, faites cuire ; ajoutez le bouilli par tranches minces, sel et poivre ; faites revenir, mouillez avec un peu de bouillon, mettez persil, ciboules ou échalottes, et un filet de vinaigre.

Le bouilli de cheval peut encore se manger à la sauce tomate, à la ravigote, à la rémoulade, etc.

Cheval à la mode.

Prenez autant que possible un morceau de 1re catégorie bien mortifié, bardez de lard ou de graisse de cheval coupée en lardons, mettez dans une casserole avec oignons, carottes, un bouquet de fines herbes, laurier, thym, ail, clou de girofle, sel et poivre; versez sur le tout un verre d'eau, un demi-verre de vin blanc ou une cuillerée à bouche d'eau-de-vie; faites cuire à petit feu environ 6 heures, et, avant de servir, dégraissez.

Civet de Cheval.

Mettez dans une casserole un peu de beurre ou de graisse ; faites colorer ; ajoutez la viande (du filet, faux-filet, langue, cœur, cervelle, etc.) coupée en petits morceaux ; faites revenir, saupoudrez d'une bonne cuillerée de farine, mêlez, ajoutez un verre de vin rouge, autant de bouillon ou d'eau, sel, poivre, bouquet garni, ail haché.

Quand le civet est à moitié de sa cuisson, mettez des oignons et faites cuire à feu modéré.

Haricot de Cheval.

Prenez de la viande de 2e ou 3e catégorie, coupez en petits morceaux, faites revenir dans de la graisse, retirez la viande, faites un roux, ajoutez de l'eau ou du bouillon, sel, poivre, bouquet garni, ail et persil hachés; remettez la viande, et, quand elle est à moitié cuite, ajoutez pommes de terre, navets ou carottes, et laissez bouillir à petit feu jusqu'à cuisson entière des légumes et de la viande.

Horsesteak, vulgairement Beefsteak de Cheval.

Le filet ou faux-filet de cheval, pour être savoureux, veut être mariné avec soin pendant 48 heures avec sel, poivre, huile, vinaigre, vin blanc ou rhum, et oignon ou gousse d'ail coupé par morceaux.

Coupez le horsesteak par tranches de l'épaisseur d'un doigt et parez en ôtant la graisse et les nerfs. Placez sur un feu vif, ne retournez qu'une fois, en évitant de piquer, crainte de laisser sortir le jus ; mettez, sur un plat, gros comme une noix de beurre ou de graisse de cheval maniée avec fines herbes, poivre, sel et un filet de vinaigre ou jus de citron. Si on veut un horsesteak aux pommes de terre, on le prépare de même, et on ajoute autour des pommes de terre frites à l'huile ou à la graisse de cheval.

Cervelle de Cheval et d'Ane, etc.

Après l'avoir débarrassée dans l'eau tiède de la peau et du sang qui la couvre, et l'avoir fait dégorger dans l'eau froide pendant une heure, faites-la cuire dans un court-bouillon, assaisonnée d'un quart de verre de vinaigre, sel, poivre, girofle, feuille de laurier, thym, ail, persil, céleri vert, tranches de carottes. Trois quarts d'heure suffisent pour la cuisson. Quand elle est cuite, partagez-la en deux, et servez-la sur un plat, où l'on verse une sauce au beurre noir ou un roux à la graisse fortement coloré. — On peut encore partager la cervelle en petits morceaux, la tremper dans une pâte et la faire frire.

On la mange également à la vinaigrette, à la matelotte, etc.

Chien.

Bien mortifiée pendant 48 heures, sa chair a le même aspect et le même goût, à peu de différence près, que celle du mouton; marinée pendant le même temps, elle peut se servir comme du chevreuil. Cette viande, rationnée équitablement, eût offert une grande ressource à la consommation.

Gigot de Chien.

Faites mortifier pendant 3 ou 4 jours, battez-le pour l'attendrir, laissez-le 2 jours dans une marinade d'huile, poivre, oignon, persil; lardez une gousse d'ail près du manche, embrochez-le et faites cuire à un feu très-vif; tournez-le souvent et arrosez-le avec le jus et la marinade.

Côtelettes de Chien grillées.

Ces côtelettes, marinées ou non, selon le goût, doivent être grillées de la même manière et avec les mêmes soins que le horsesteak, vulgairement nommé beefsteak de cheval. Voyez à cet article.

Filet de Chien aux légumes.

Prenez une des parties du chien la plus en chair, comme gigot, filet, etc.; ôtez les os, piquez-la de graisse taillée en lardons; faites cuire à la broche ou à la cloche, et servez dessous des légumes, comme pois conservés, pommes de terre, riz, oseille, etc. On peut arranger de même l'âne, le cheval, etc.

Rata de Cheval, Chien.

Coupez par morceaux de la poitrine, du cou, etc.; faites revenir dans la graisse avec oignon, clou de girofle, laurier, thym, sel et poivre. Quand la viande a pris belle couleur, on la retire et on met dans le jus pommes de terre, haricots, choux, riz ou navets. A moitié de la cuisson, on ajoute sa viande et on laisse cuire.

Ce plat, peu coûteux, ne manque pas de saveur; il fait les délices de nos soldats. Je ne doute pas qu'il soit bien accueilli sur des tables mieux servies que la leur.

Crêpes sans œuf.

Prenez de la farine de blé, de riz, ou de la fécule de pommes de terre ; délayez avec de l'eau, une bonne pincée de sel, trois cuillerées d'eau-de-vie, deux de fleurs d'oranger, trois d'huile et un peu de sucre en poudre ; mettez dans une poêle de la graisse ou de l'huile, faites bien chauffer, étendez sur le fond une mince couche de pâte, et ne retournez d'un côté que lorsqu'elle est bien cuite de l'autre.

Fécule de pommes de terre, ou Crème sans œuf.

Râpez une tablette de chocolat par personne dans de l'eau de gruau épaisse ; sucrez avec de la cassonade ; au moment de l'ébullition, ajoutez une cuillerée à bouche par personne de fécule de pommes de terre ou de farine de riz, que vous aurez d'avance bien délayée dans l'eau ; remuez lentement, et aromatisez avec de la vanille, du citron ou fleur d'oranger.

Macaroni à la sauce tomate.

Jetez votre macaroni dans l'eau bouillante ; faites égoutter ; mettez dans une casserole graisse ou huile; faites sauter le macaroni dans cette graisse chaude, et versez alors la sauce tomate ainsi préparée.

On fait cuire pendant une demi-heure des tomates avec sel, poivre, thym, ail, laurier, persil, oignons ; passez dans une passoire ou un linge fin ; faites fondre du beurre ou de la graisse dans une casserole ; ajoutez une cuillerée de farine ; versez doucement la purée des tomates, et faites une liaison sur le feu.

Maïs (Bouillie de).

Faites bouillir de l'eau, salez-la ; versez peu à peu de la farine de maïs, et remuez lentement avec une cuillerée de bois jusqu'à ce que la pâte soit bien ferme ; laissez refroidir, coupez en tranches et faites frire dans de la graisse ou de l'huile. De la bouillie de blé ainsi préparée offre également un mets agréable et nourrissant.

Pain de Maïs au raisin.

Prenez 500 grammes de farine de maïs, une pincée de sel, 50 grammes de cassonade, 150 grammes de raisins secs bien épluchés et lavés, un petit verre d'eau-de-vie, et assez d'eau pour faire une pâte assez solide. Faites chauffer dans une poêle ou dans un moule de la graisse ou de l'huile; mettez votre pâte, et ne retournez que lorsqu'elle est entièrement cuite d'un côté.

Manière de rafraîchir la graisse.

La graisse, à cause de la rareté du beurre et du lard, étant devenue indispensable dans la préparation des plats, il sera utile de connaître le moyen de la rafraîchir. Faites cuire la graisse à feu doux, avec oignon coupé par tranches, gousse d'ail et feuille de laurier ; évitez de faire roussir ; écumez soigneusement, et passez dans un linge fin quand elle est bien cuite.

Manière de préparer la graisse et l'huile de Cheval.

Coupez la graisse brute en petits morceaux ; faites fondre à petit feu dans une marmite; mettez gousse d'aille, laurier ; passez un linge et laissez refroidir. La graisse se fige dans le fond du vase, et l'huile reste limpide au-dessus ; séparez les deux, et servez-vous-en pour tous usages de cuisine.

Manière de conserver la viande sans sel.

Coupez la viande à morceaux assez minces; faites revenir dans la graisse, et quand elle commence à prendre couleur, sortez-la et mettez-la dans un pot de grès. Ajoutez thym, laurier, gousse d'ail, et versez de la graisse liquide. Il est essentiel que cette graisse couvre bien la viande et l'isole de l'air. Quand on prendra un morceau de viande, il est important qu'on fasse fondre de nouveau la graisse devant un feu très-doux et qu'on recouvre bien la viande.

Manière de préparer l'oseille pour la conserver.

Épluchez feuille à feuille oseille, cerfeuil, ciboule; lavez soigneusement; coupez très-fin; mettez dans une casserole avec eau; faites cuire à petit feu pendant une demi-heure; salez et versez dans un pot. Quand elle sera refroidie, couvrez-la bien de graisse de bœuf.

On peut conserver de la même manière des légumes coupés et cuits comme pour julienne.

Mulet.

Le mulet, dont la viande est presque aussi délicate que celle de l'âne, se prépare absolument comme celle du cheval.

Pommes de terre (Boulettes de).

Pour utiliser le bouilli de cheval ou les restes d'autre viande, on fait cuire dans l'eau des pommes de terre épluchées, on les écrase bien, on hache la viande avec sel, poivre, persil, échalotte; on forme une pâte, on arrondit en boulettes, on les roule dans la farine et on les fait frire... A défaut de pommes de terre, on fait une pâte très-consistante avec fécule de pommes de terre, farine de maïs ou farine de riz.

Pudding.

Prenez 150 grammes de raisin, épluchez, lavez, émiettez très-fin 200 grammes de pain rassis; ajoutez deux œufs battus, 4 cuillerées de cassonade, demi-cuillerée à café des quatre épices, un petit verre de rhum ; liez avec un peu de farine pour en former une pâte épaisse, et faites cuire à la graisse dans un moule ou dans une cloche avec feu dessus et dessous.

Rat.

On ne doit user, dans l'alimentation, que très-discrètement de la viande de ce petit animal, qui, à cause des germes de trichinose qu'on remarque quelquefois chez ce rongeur, peut être aussi dangereux sur un plat qu'il est désagréable dans nos demeures. En tous cas, si on s'en servait, il faudrait la maintenir quelque temps à une très-forte cuisson.

Riz.

C'est sans nul doute, pendant le siége, l'aliment qui nous offre le plus de ressource et de variété dans nos plats. Sous la direction d'une ménagère habile, il peut se prêter à mille combinaisons diverses, et se présenter sur nos tables sans jamais fatiguer même l'appétit le plus difficile.

Riz (Potage de).

Lavez 4 cuillerées de riz pour 6 personnes, mettez-le dans une casserole avec deux verres de bouillon, faites crever à très-petit feu ; à mesure qu'il gonfle, remettez du bouillon, mais sans remuer le riz, car il s'attacherait au fond du vase. Quand il est cuit, versez-le dans une soupière et ajoutez la quantité nécessaire de bouillon chaud.

Au lieu de bouillon on peut employer de l'eau avec sel, poivre, beurre ou graisse.

Riz à la Turque.

Coupez 6 oignons, une carotte ; passez au beurre ou à la graisse avec persil, sel, poivre, girofle, muscade ; mouillez avec 3 cuillerées à pot d'eau bouillante, ajoutez un peu de safran pour colorer ; laissez bouillir pendant une heure ; passez au tamis ; mettez 500 grammes de riz bien lavé ; versez petit à petit la sauce ; ajoutez un morceau de beurre ou de graisse et laissez crever. Quand le riz sera à peu près cuit, graissez le fond d'un moule et laissez cuire sur un feu très-doux.

Ragoût de Riz.

Metttez dans une casserole gros comme une noix de beurre ou de graisse, du lard coupé en dé; faites frire; jetez une cuillerée de farine et faites-lui prendre belle couleur; ajoutez eau ou bouillon, poivre, sel, bouquet garni, oignon piqué d'un clou de girofle et 250 grammes de riz lavé avec soin. Laissez cuire doucement.

On peut faire cuire le riz dans le jus ou l'extrait de n'importe quelle viande.

Bouillie de Riz.

Prenez de la farine de riz et préparez-la comme il a été indiqué plus haut pour la farine de maïs. Ajoutez, pour la rendre plus agréable, une cuillerée de fleur d'oranger ou de jus de citron.

Croquettes de Riz.

Faites crever du riz comme pour un gâteau, formez une pâte un peu ferme et disposez-la en boulettes allongées ; roulez dans de la farine et du sucre en poudre, et faites frire.

Gâteau de Riz.

Faites crever 250 grammes de riz, faites dessécher comme si vous vouliez séparer chaque grain, mettez 50 grammes de raisins secs bien lavés, autant de cassonade, un petit verre de rhum, un œuf bien battu si vous en avez ; liez votre pâte avec de la farine de riz, graissez un moule, ajoutez de la chapelure et laissez cuire avec feu dessus et dessous.

Crème de Riz.

Pour remplacer le lait, qui est la base de toutes les crèmes, servez-vous d'eau de gruau, qui, très-douce et très-rafraîchissante, peut remplacer avantageusement le lait.

Prenez une cuillerée à bouche de gruau d'avoine, lavez-le et faites cuire pendant une heure ; passez, ajoutez du sucre pour en faire un sirop ; mettez votre riz, et, quand il sera presque cuit, ajoutez un verre de café liquide si vous voulez de la crème au café, et du chocolat râpé avec de la vanille si vous souhaitez de la crème au chocolat.

Riz à la Corrézienne.

Prenez du riz bien lavé, faites crever sans remuer dans un demi-litre d'eau avec une pincée de sel, laissez évaporer de manière à ce que chaque grain se détache bien l'un de l'autre; laissez refroidir; beurrez ou graissez une tourtière, saupoudrez de chapelure blanche, étendez votre riz, gratinez légèrement et versez dessus une crème au chocolat ainsi faite : chocolat râpé dans de l'eau de gruau bouillante avec vanille et sucre, le tout bien cuit.

Quand le riz est gratiné et cuit, on obtiendra un mets exquis en y ajoutant une couche de glace au punch de rhum.

Riz aux confitures.

On prépare comme le précédent; seulement, à la place du chocolat, on ajoute des confitures d'abricot, de cerise, de groseille, etc.

Salaisons.

Pour rendre aux viandes et aux poissons salés un goût agréable et éviter le scorbut, il est important de bien les dessaler.

Mettez dans un vase assez profond de l'eau bien fraîche, suspendez la viande dans un linge clair, un filet ou une passoire; changez l'eau deux ou trois fois pendant 24 heures, et ayez bien soin que votre viande ne touche pas le fond, car le sel, plus lourd que l'eau, se précipite toujours dans le fond. Quand on a retiré sa viande, on la laisse sécher pendant quelques heures, et on la prépare comme si elle n'avait pas été salée.

Soupe.

La soupe, nourriture la plus commune dans la province et dans l'armée, est, sans nul doute, le mets le plus sobre, le plus sain, le plus nourrissant et le moins coûteux; il est donc indispensable d'en faire son plat le plus ordinaire. La soupe peut se faire au beurre, au lard, à la graisse, à l'huile, etc.

Soupe à l'ail.

Coupez du pain par tranches minces dans une soupière, mettez de l'huile d'olive, d'œillette, de navette, etc., poivre, sel, et versez dessus de l'eau bouillante, dans laquelle vous écraserez une tête d'ail par personne. Laissez tremper et servez.

Soupe à l'oignon.

Faites fondre du beurre ou de la graisse dans une poêle, coupez un oignon par tranches, faites frire; ajoutez une forte pincée de farine; laissez roussir jusqu'au dernier degré de couleur; ajoutez eau nécessaire et sel. Après 5 minutes d'ébullition, versez sur du pain coupé par tranches.

Soupe à l'oignon sans oignon.

Faites fondre de la graisse dans une poêle; prenez des tranches de pain, que vous ferez fortement roussir; ajoutez eau nécessaire, sel, et versez sur votre pain coupé par tranches.

Soupe à l'extrait de viande.

Mettez dans une casserole de l'eau, avec sel et légumes conservés; faites cuire doucement, et ajoutez, avant de tremper, une 1/2 cuillerée à café par personne d'extrait de viande.

Soupe julienne.

Coupez en petits filets carottes, navets, poireaux, céleri, oignons, etc.; faites cuire à moitié avec du beurre ou de la graisse et sel, mouillez d'une cuillerée d'eau; achevez de faire cuire en ajoutant l'eau nécessaire; trempez comme pour la soupe à l'oignon.

Soupe de rempart.

Mettez du pain coupé par tranches dans une casserole; versez du vin et faites fortement chauffer sans bouillir; ajoutez sucre et canelle.

TABLE

	Pages
L'Ane	11
Bouillie d'avoine	11
Café et Chocolat	12
Champignons conservés	12
Champignons au roux	13
Chat	13
Rôti de chat	14
Cheval	14
Pot-au-feu de cheval	15
Bouilli de cheval	15
Cheval en miroton	15
Cheval au gratin	16
Cheval à la Parisienne	16
Cheval à la mode	17
Civet de cheval	17
Haricot de cheval	18
Horsesteak, vulgairement beefsteak de cheval	18
Cervelle de cheval et d'âne, etc.	19
Chien	20
Gigot de chien	20
Côtelettes de chien grillées	20
Filet de chien aux légumes	21
Rata de cheval, chien	21
Crêpes sans œuf	22

	Pages.
Fécule de pommes de terre, ou crème sans œuf	22
Macaroni à la sauce tomate	22
Bouillie de maïs	23
Pain de maïs au raisin	23
Manière de rafraîchir la graisse	24
Manière de préparer la graisse et l'huile de cheval.	24
Manière de conserver la viande sans sel.	25
Manière de préparer l'oseille pour la conserver.	25
Mulet	26
Boulettes de pommes de terre	26
Pudding	26
Rat	27
Riz	27
Potage de riz	28
Riz à Turque	28
Ragoût de riz	29
Bouillie de Riz	29
Croquettes de riz	29
Gâteau de riz	30
Crème de riz	30
Riz à la Corrézienne	31
Riz aux confitures	31
Salaisons	32
Soupe	32
Soupe à l'ail	33
Soupe à l'oignon	33
Soupe à l'oignon sans oignon	33
Soupe à l'extrait de viande	34
Soupe julienne	34
Soupe de rempart	34

8879. — Paris, imprimerie JOUAUST, rue Saint-Honoré, 338.

www.ingramcontent.com/pod-product-compliance
Lightning Source LLC
Chambersburg PA
CBHW030102230526
45471CB00003B/1222